8° V Pièce 12619

[illegible] PÉE ou LE FLEURET

ÉTUDE

Sur le choix de la meilleure arme

pour

l'Escrime et le Duel

PAR

AD. CORTHEY

DEUXIÈME ÉDITION

SAINT-MALO
Imprimerie [illegible] BAZIN, rue des [illegible]
18[illegible]

A M. Henry de Villeneuve.
Témoignage de vieille amitié.

L'ÉPÉE

OU

LE FLEURET

OUVRAGES DU MÊME AUTEUR

Le Fleuret et l'Épée, étude. . . . . 1 fr.

Français et Prussiens (armes blanches et armes à feu), 2e édition. . . . . 1 fr.

Petit traité d'Escrime à la baïonnette, 2e édition. . . 1 fr.

Rapport au sujet de la transformation de l'Epée de combat, 2e édition. . . . . 1 fr.

L'Escrime à travers les âges. . . . . 2 fr.

L'ÉPÉE OU LE FLEURET

Par Ad. CORTHEY

En commençant cette petite étude : *L'Epée ou le Fleuret*, je répéterai ce que je disais en terminant le *Fleuret et l'Epée*, et à propos de cette dernière arme : « Et ce n'est pas démocratiser l'escrime que de la médiocratiser. » (1)

Car c'est ce qui est arrivé précisément.

On a créé un soi-disant nouveau jeu avec une vieille arme, comme dans certains restaurants on accommode un ancien poulet avec une sauce qui n'a pas trop servi, et cela a jeté un certain discrédit sur la volaille, je veux dire sur l'escrime.

∴

L'épée ou le fleuret? Au milieu de notre petit monde d'escrimeurs, la question est aussi grave que « la bourse ou la vie » au coin d'une rue.

Celui-ci ou celle-là? Celle-là tuera-t-elle celui-ci? Moi je crois que l'épée tuerait l'escrime si l'on n'y mettait opposition, et c'est peut-être même la seule chose qu'elle soit capable de tuer.

∴

Si j'avais l'honneur d'être conférencier, si je m'appelais G. Vanor ou Joseph Renaud et si j'étais capable

(1) *Le Fleuret et l'Epée*, page 31.

de lancer de l'esprit sur mon public... en m'abritant derrière un verre d'eau sucrée, j'intitulerais ma conférence :

L'escrime, ce qu'elle a été et ce qu'elle est.

Je constaterais tout de suite qu'elle n'a été, d'abord, qu'une préparation au duel, par conséquent, qu'il n'y avait qu'un seul jeu, à la fois, bien entendu, car nous trouvons successivement de nombreuses méthodes, suivant la nature des armes employées, et j'établirais que cet état de choses a duré un certain temps... trois siècles environ.

On s'est battu beaucoup pendant ces trois siècles, d'estoc et de taille ; de taille surtout au commencement, puis un peu moins, puis très peu, puis plus du tout à dater du moment où l'épée triangulaire a été employée. Car cette épée, munie de gouttières et ornée par l'arête d'une sorte de gibbosité, a perdu la facilité de trancher.

Elle a perdu les qualités du tranchant, sans acquérir celles d'une bonne arme de pointe. Elle fait songer au *poisson volant*, qui est fort mal dans l'air et ne se trouve pas du tout bien dans l'eau.

*
* *

Aussi est-elle très rapidement remplacée par le *fleuret carré*. Et c'est grâce à cette dernière invention que La Boëssière fils (1818) crée l'escrime moderne, qui devient une science complète et un art véritable.

Les auteurs plus récents, Lafaugère, Gomard, Cordelois, Grisier et les contemporains ne touchent qu'à des détails.

Il va sans dire que sur le *terrain* comme dans les

salles, le fleuret remplace l'épée, au moins dans l'armée. Mais, sous l'Empire comme sous la Restauration, le *pékin* ne comptait pas, au moins sous le rapport de armes.

Et cela continue ainsi jusqu'à la circulaire de M. de Freycinet, circulaire aussi peu logique dans le fond que bouffonne dans la forme, car, en substance, elle disait à peu près ceci :

« Je vous donne l'ordre de prendre désormais des » épées triangulaires quand vous aurez à perpétrer » l'acte interdit que je ne saurais trop vous défendre » de commettre. »

Comme on le voit, la scission complète entre le *jeu de terrain et le jeu de salle* est toute récente. Elle ne date, en réalité, que des leçons d'un professeur mort il y a peu de temps, et dont la théorie paraissait se résumer dans la devise des garçons de cabinets particuliers : « Prudence et discrétion. »

Maintenant, pourquoi ce retour en arrière ; pourquoi cette résurrection d'un instrument qui semble plus du domaine de l'archéologie que de celui de l'escrime ? Pourquoi surtout créer une nouvelle méthode pour une arme surannée ?

Pourquoi ? Calino seul pourrait répondre, lui qui, partant pour la chasse après avoir acheté un superbe fusil neuf, mais ne pouvant l'introduire dans le vieil étui trop court, pour sauver celui-ci, sacrifiait celui-là et faisait rogner les canons.

***

Encore, si l'emploi de cette arme vieillotte offrait quelques avantages en compensation de sa vétusté ! Mais les escrimeurs qui ont participé aux divers assauts historiques donnés depuis quelques années, et qui ont eu l'occasion de faire un véritable *cours d'armes comparées*, après avoir manié les unes et les autres, ont pu se convaincre que la plus mauvaise, ou, pour être plus juste, la seule *absolument mauvaise*, est l'épée triangulaire, surtout montée comme elle l'est, c'est-à-dire au rebours de la tradition et du bon sens, le *plat* sous le pouce.

Car, sans les tranchants des précédentes, sans la puissance et la légèreté de la plus moderne, le fleuret, dans les attaques et les parades, elle ne peut résister, ni à celui-ci, pourtant plus frêle, ni au sabre, pourtant plus lourd, ni, cela va sans dire, à l'épée quadrangulaire évidée, ni même à l'épée triangulaire montée *normalement*.

Quelle arme! Une baguette de fusil vaudrait mieux. *L'épée Dagobert*, disait un de nos amis qui aurait voulu remettre la lame à l'endroit.

*
* *

Du reste, le rapport à la *Société d'Encouragement de l'Escrime* sur la transformation de l'épée de combat, rapport approuvé à l'unanimité par le comité dans sa séance du 12 janvier 1891, émettait le vœu que, dans toutes les rencontres, l'arme actuellement en usage fût remplacée par une épée à lame carrée et à quatre évidements. (1)

En effet, quoi qu'en puissent dire certains tireurs peu réfléchis ou peu documentés, c'est toujours *l'arme qui a fait l'escrime.*

On peut s'en assurer en relisant les traités les plus

(1) Voir rapport à la Société d'Encouragement de l'escrime, p. 8.

anciens jusqu'aux plus modernes : de Marozzo à La Boëssière, en passant par ceux d'Agrippa, de Fabris, de Saint-Didier, de Thibaut, de Liancourt, de Danet, d'Angelo, etc.

Et il n'en est pas de l'escrime comme de la justice. C'est seulement dans la première que *la forme* est tout, et il ne faut pas confondre le fleuret d'assaut avec le glaive de la loi.

J'ajouterai que, malgré quelques proverbes, même à bon ouvrier, il faut de bons outils pour bien faire. Voyons, franchement, vous ne demanderez à personne, fût-ce à un nouveau Paganini, de vous faire entendre les accords du violon sur la grosse caisse.

Il est vrai que certain musicien un peu paradoxal prétendait que la grosse caisse est un instrument incomparable, quand on en joue avec sentiment.

***

Donc, logiquement, je ne vois aucune raison pour quitter le fleuret et pour revenir à l'épée, à moins que ce ne soit comme on tire de l'arc ou de l'arbalète.

Car l'épée est faite pour l'escrime et non l'escrime pour l'épée. Celle-ci constitue un moyen, non un but.

Voyez-vous le Ministre de la Guerre rédigeant une adresse ainsi conçue :

« Attendu que le fusil Lebel est l'arme supérieure » par excellence et la plus perfectionnée, j'ordonne » que la troupe soit instruite soigneusement dans le » maniement de cette arme dans le *but* de lui permettre de combattre... avec le fusil à piston. »

BIBLIOTHÈQUE NATIONALE R.F. IMPRIMÉS

*
* *

Et je ferai remarquer que pour ceux qui cherchent sincèrement le progrès de l'escrime et non la restauration d'une arme vieillotte, le *moyen* même est mauvais.

Quel est, en effet, le but de l'escrime ?

1° Vous offrir un exercice agréable, en même temps physique et intellectuel ;

2° Vous mettre en état de défense en cas de duel.

Or, le fleuret permet un jeu à la fois si fin et si sûr, si simple et si varié ; il fait la part si petite au basard et si grande à l'intelligence, que sa supériorité comme exercice ne saurait être contestée.

La meilleure preuve, du reste, en est qu'aussitôt inventé, on a abandonné pour lui l'arme dont on se servait auparavant : *l'épée à trois coins*, qui était contemporaine du chapeau à trois cornes.

*
* *

Reste la question du duel.

Encore ici, je me permettrai quelques *pourquoi ?* Pourquoi changerez-vous d'arme pour aller sur le terrain ? Pourquoi en avoir deux ? L'une, la bonne, pour l'amusement seul ; l'autre, la mauvaise, pour la défense de votre vie.

Pourquoi cette absence de logique spécialement française et dont les Italiens se sont soigneusement garantis ?

Pourquoi ?... Eh ! ce n'est pas d'aujourd'hui qu'une vieille absurdité devient respectable uniquement parce qu'elle a beaucoup servi.

De façon qu'une bêtise commise un certain nombre de fois se transforme en raison, et que la sottise, tombée à l'état chronique, passe à l'état de sagesse.

Au fond, nous sommes toujours prêts à répéter après le charcutier :

— Il est vrai que je perds un sou sur chaque saucisse ; mais je pense me rattraper sur le total.

*
* *

Quant aux motifs qui ont guidé M. de Freycinet pour ordonner dans l'armée la petite révolution que j'ai rappelée tout à l'heure, les termes mêmes dont il se sert indiquent qu'il est de l'école du baron de Cadet-Roussel, lequel ayant un parapluie neuf, le cachait avec soin sous sa redingote pendant une grosse averse, crainte de le gâter.

Et nous pourrions faire aisément à sa place un *exposé des motifs* :

« Considérant que les trous causés par le fleuret » dans le corps humain sont fort petits ; considé- » rant que, plus ils sont petits, plus le danger qu'ils » font courir est grand ; considérant en outre qu'en » présence de l'exiguïté de la blessure, l'intéressé » ne pourra savoir s'il est blessé ou mort, pour les » motifs ci-dessus, etc. »

*
* *

Mais, me diront les tireurs soi-disant *pratiques* :

— Avec le fleuret vous ne faites qu'un jeu de convention.

D'abord, presque tout est de convention en ce monde. Le duel lui-même, convention ; convention, cette idée d'après laquelle un homme déshonoré peut lessiver son honneur à l'aide d'une gouttelette de sang; convention, le choix exclusif de telle ou telle arme; convention, cette arme elle-même à laquelle on enlève les tranchants et que l'on munit d'une coquille plus ou moins large.

Enfin, ce n'est pas la nature même du fleuret qui vous empêchera de faire tous les jeux que vous voudrez, *pratiques* ou non, bien au contraire. Et en vous en servant, rien de plus facile que de tirer à l'avant-bras, à la main ou même aux doigts, si vous tenez absolument à élever le *picotage* à la hauteur d'un principe.

Seulement, je ne le dissimulerai pas : c'est précisément *ce principe* que nous voudrions détruire, afin de relever la science en escrime et l'honneur en duel.

⁂

Car, de même que l'escrime en général a un double but, le jeu de l'épée en particulier ne se caractérise que par deux choses : la forme de l'arme, laquelle est aussi surannée que mauvaise ; le fait de tirer à la main ou à l'avant-bras.

Les partisans quand même de l'épée se défendront de cet exclusivisme ; mais leurs déclarations sont purement platoniques, et leur pratique suffit seule à réfuter leur théorie.

Du reste, on peut remarquer (et ce n'est pas assurément sans motifs) qu'ils donnent chaque année à la coquille de leurs lames de plus grandes dimensions.

De sorte que l'épée soi-disant « de combat » finira par ressembler à un ustensile de cuisine. Et nous en sommes déjà à l'écuelle, si nous n'arrivons pas encore à la casserole.

*
* *

Soyons sérieux ! Mais il est difficile de l'être en face du jeu d'épée, qui l'est si peu, et du nouveau genre de duel, qui l'est encore moins.

Car si les nègres ont fait, paraît-il, Dieu à leur image, c'est-à-dire d'un beau noir, le jeu d'épée a fait le duel à la sienne, c'est-à-dire à l'eau de rose.

Et l'*escrime pratique*, où l'on ne sue guère, a engendré le *duel pratique*, où l'on ne se tue pas.

*
* *

En effet, on vise la main, on pique un doigt, et la blessure est généralement de celles auxquelles vous vous exposez lorsque vous avez l'imprudence de caresser le chat de votre concierge. Mais l'honneur est satisfait et l'on va, de compagnie, donner à l'appétit la même satisfaction qu'à l'honneur.

Car si les docteurs ont déclaré que le blessé ne pouvait plus tenir son épée, il est bien rare, cependant, qu'il ne puisse tenir sa fourchette.

A la vérité, on voit de temps en temps un enragé se faire traverser le corps de part en part. Mais ces enragés, en se faisant tuer ainsi, prouvent bien qu'ils n'ont pas le sens de la *vie pratique*.

*
* *

Aussi, de même que l'on cite certains assauts légendaires où l'heure du déjeuner avait sonné avant que le premier coup de bouton fût arrivé, on pourrait raconter tel duel où l'estomac des témoins était complètement vide avant que l'affaire fût vidée.

Si bien que l'un des docteurs s'écriait, dit-on :

— Diable ! si j'avais su, au lieu de me munir de ma trousse, j'aurais apporté un oreiller.

*
* *

Pourtant je ne voudrais pas affirmer que le duel, qui est seulement ridicule, cessera bientôt de l'être... pour devenir grotesque. Aujourd'hui, au bout d'une heure de lutte à outrance, on se pique à l'extrémité du petit doigt ; dans l'avenir, après une demi-journée de combat acharné, on n'arrivera à égratigner que les gants, et, au lieu de sang, on ne verra sortir que du crin.

Alors, si, par hasard, la cause de la rencontre est grave, les adversaires, jetant leurs épées, s'écrieront :

— Voyons ! finissons et soyons sérieux ! Battons-nous à coups de poings.

*
* *

Mais, si le fleuret a pour lui la logique, il a contre lui..... les jeunes gens.

Il faut dix ans pour qu'un tireur de fleuret se tienne convenablement en garde. Il faut dix jours seulement, à un apprenti de l'épée, pour savoir que c'est par la poignée qu'on la tient.

Et cela lui suffit. Il se fait inscrire à la première poule venue ; il la gagne parfois (aux innocents les mains pleines), et il reçoit une médaille ou tout autre souvenir commémoratif.

Alors il épate ses camarades :

— Tu sais, mon vieux, je suis un peu fort ; j'ai gagné une poule, voici la médaille.

Et les camarades de raconter :

— Tu sais, Chose? il n'est pourtant pas fort... il gagne des poules.... j'ai vu ses médailles.

Et tous de répéter :

— Je suis autrement fort que Machin, moi ! Je suis très fort!... Je gagnerai toutes les médailles!... Je vais tirer dans toutes les poules.

Comment veut-on que la logique résiste à tous ces jeunes coqs, vainqueurs de tant de poules.

***

On m'accusera de *parti pris.*

Il y a plus de quarante ans que je me livre à tous les exercices, à l'escrime, en particulier, à peu près tous les jours. On voudra bien convenir que s'il y a parti pris, j'ai mis un temps raisonnable à le prendre.

En revanche, il faut convenir que la plupart de ceux qui s'écrient avec tant de frénésie : « Il n'y a que l'épée ; il n'y a que l'épée! » n'ont guère pratiqué qu'un exercice : l'épée, et c'est peut-être pourquoi ils le proclament le premier de tous.

Ainsi, en voyant ce judicieux enthousiasme, involontairement l'on songe à ce lauréat des Beaux-Arts invité à dîner au Ministère et qui s'écriait :

— Ah! malheur! chez le Ministre! Je vais *choisir* mon habit des grandes cérémonies. Il est vrai que je ne possède que celui-là, lequel est râpé.

***

Je me résume et je conclus.

Résumé : Le jeu d'épée n'est qu'un jeu primitif.

Le tireur d'épée est incapable de tenir tête à un tireur de fleuret, si la main et l'avant-bras de celui-ci sont garantis.

La seule différence entre les deux escrimes consiste dans la *forme* de l'arme et le *visé* à la main.

Conclusion : L'escrime avait fait un grand pas... en arrière ; la Société d'Encouragement vient de la ramener dans la voie du véritable progrès en instituant des poules au fleuret et des poules à l'épée, où tous les coups touchés compteront, mais avec des estimations différentes, suivant la partie du corps ou des membres atteinte.

Peu à peu, et lorsqu'on aura fait souvent combattre le fleuret *contre* l'épée, les plus jeunes tireurs seront bien forcés de convenir de l'incontestable *infériorité* de celle-ci à l'égard de celui-là.

Ils verront qu'une fois les coups à la main et à l'avant-bras mis de côté, leur jeu contraint, restreint et maigre, ne peut tenir un instant contre celui, infiniment plus varié, plus sûr, plus allongé et plus puissant de leurs adversaires.

Enfin, sur le terrain, on reviendra au fleuret (1), avec lequel on s'est battu dans l'armée pendant près d'un siècle, jusqu'au ministère de M. de Freycinet; et l'on prendra l'habitude de se *ganter fortement*, de manière à n'avoir plus que des combats sérieux, qui désormais n'auront plus lieu que pour des causes graves.

---

(1) Ou à toute autre arme de forme analogue permettant le même jeu, comme l'épée à *lame carrée et à quatre évidements*, par exemple.

Quant au *stock* de lames d'épées encore dans le commerce, il ne sera pas perdu.

On pourra toujours le vendre aux rôtisseurs pour remplacer leurs vieilles broches !

IMPRIMERIE BAZIN, SAINT-MALO

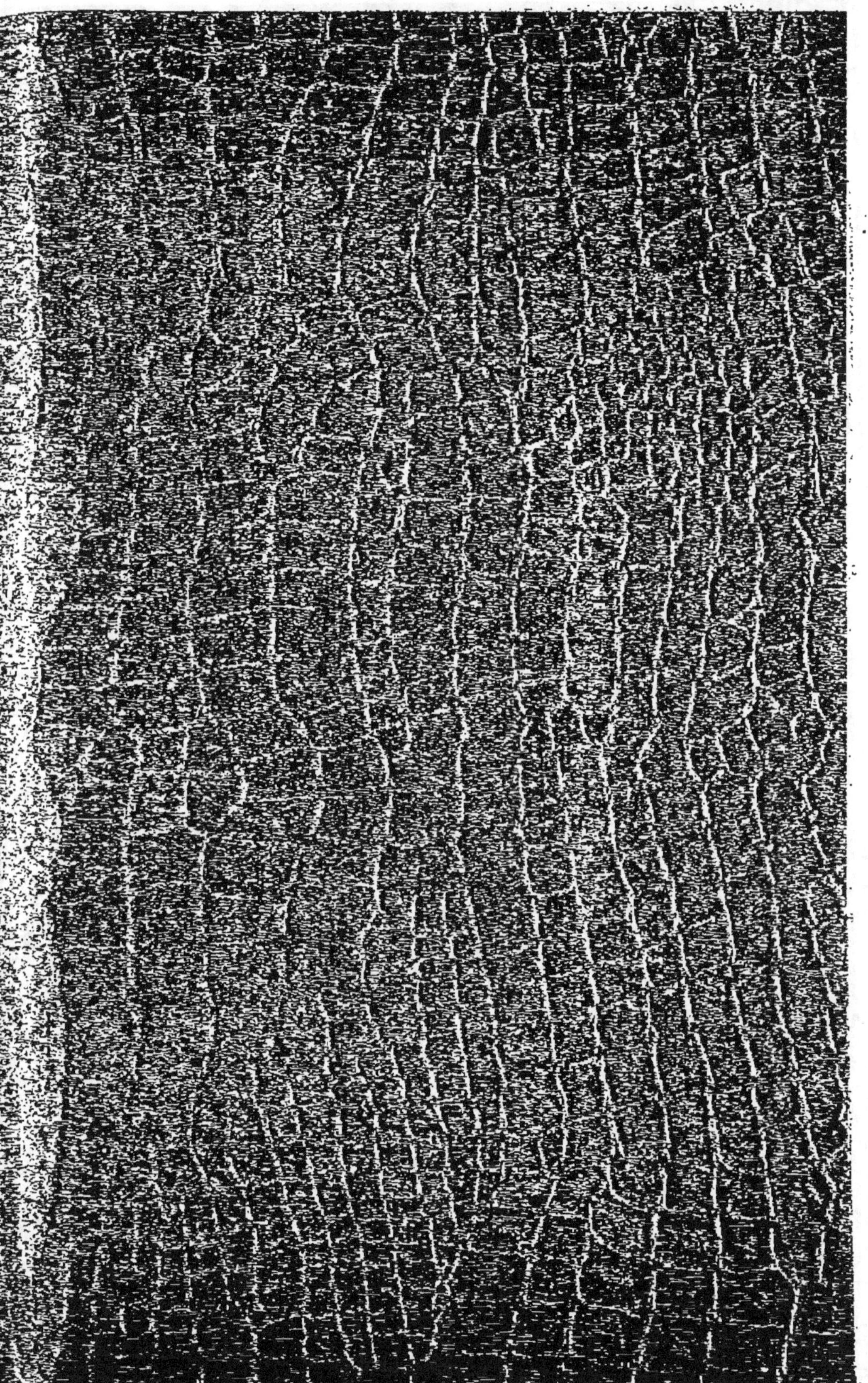

www.ingramcontent.com/pod-product-compliance
Lightning Source LLC
LaVergne TN
LVHW020507230826
846091LV00008BA/3393

* 9 7 8 2 0 1 9 9 3 5 8 7 0 *